BEI GRIN MACHT SICH IHR WISSEN BEZAHLT

- Wir veröffentlichen Ihre Hausarbeit,
  Bachelor- und Masterarbeit

- Ihr eigenes eBook und Buch -
  weltweit in allen wichtigen Shops

- Verdienen Sie an jedem Verkauf

Jetzt bei www.GRIN.com hochladen und kostenlos publizieren

Bibliografische Information der Deutschen Nationalbibliothek:

Die Deutsche Bibliothek verzeichnet diese Publikation in der Deutschen National-bibliografie; detaillierte bibliografische Daten sind im Internet über http://dnb.d-nb.de/ abrufbar.

Impressum:

Copyright © 2016 GRIN Verlag, Open Publishing GmbH
Druck und Bindung: Books on Demand GmbH, Norderstedt Germany
ISBN: 9783668226401

Dieses Buch bei GRIN:

http://www.grin.com/de/e-book/322829/ausbildung-und-typische-verwendungsbe-reiche-von-personenschuetzern-in-deutschland

Bruno Merkel

Ausbildung und typische Verwendungsbereiche von Personenschützern in Deutschland

GRIN Verlag

GRIN - Your knowledge has value

Der GRIN Verlag publiziert seit 1998 wissenschaftliche Arbeiten von Studenten, Hochschullehrern und anderen Akademikern als eBook und gedrucktes Buch. Die Verlagswebsite www.grin.com ist die ideale Plattform zur Veröffentlichung von Hausarbeiten, Abschlussarbeiten, wissenschaftlichen Aufsätzen, Dissertationen und Fachbüchern.

Besuchen Sie uns im Internet:

http://www.grin.com/

http://www.facebook.com/grincom

http://www.twitter.com/grin_com

Northern Business School

Personenschutz

Inhaltsverzeichnis

Abbildungsverzeichnis

Abkürzungsverzeichnis

IHK	Industrie und Handelskammer
UPS	unmittelbarer Personenschutz
EPS	erweiterter Personenschutz

1. Einleitung

Personenschutz ist eine Dienstleistung. Die Berufstätigkeit eines Personenschützers ist breit gefächert und ist viel mehr als das Begleiten einer Schutzperson, was lediglich dem Dienst eines Bodyguards entspricht. Was die meisten Menschen nicht wissen, ist aber, dass es das Berufsbild nicht komplett umfasst bzw. es damit nicht erklärt ist. Zum Personenschutz gehören all die Maßnahmen und Abläufe, welche die Ergreifung beinhalten, die zur Verhinderung oder Abwehr aller Angriffe auf die körperliche Unversehrtheit sowie die Willens- und Handlungsfreiheit einzelner Personen oder Personengruppen benötigt werden. Personenschutz ist meist für die ausübenden der absolute Traumberuf und dessen Leidenschaft. Doch wenn man sich wiederum in der Situation der Schutzperson befindet, ist genau diese Tätigkeit höchstwahrscheinlich die einzige Möglichkeit seine körperliche Unversehrtheit zu gewahren, sowie die der eigenen Familie und Kinder. Die Berufsdefinition des Personenschutzes besagt, man müsse das eigene Leben zugunsten der Schutzperson opfern können.

In dieser wissenschaftlichen Arbeit wird folgende Frage beantwortet: Wie wird man in Deutschland privater Personenschützer und was sind dessen typische Verwendungsbereiche? Die Arbeit ist in verschiedene Themenbereiche gegliedert und zur Beantwortung der Frage werden diese im Einzelnen aufgeführt.

Das erste Kapitel stellt den Einstieg in die Branche dar. Von den Voraussetzungen bis hin zu den zum Schluss erworbenen Qualifikationen. So ist vor dem Einstieg in die Berufstätigkeit des Personenschützers die rechtliche Voraussetzung zu erwerben, diese ist ein Abschluss des IHK-Zertifikatslehrgangs zur Personenschutzfachkraft (IHK). Um diesen Lehrgang anzugehen, werden zuvor die Voraussetzungen des Anwärters geprüft. Im direkten Anschluss folgt eine mehrmonatige Ausbildung, Lehrinhalt sind beispielsweise gesetzliche Grundlagen, Aufklärungstechniken, welche die meiste Zeit eines berufstätigen Personenschützers beanspruchen, und das Erstellen von Sicherheitsanalysen und Schutzkonzepten, aber auch äußerst spektakuläre Ausbildungsabschnitte, wie Schießausbildungen, Fahrsicherheitstraining und lebensrettende Sofortmaßnahmen mit Praktiken, die man sonst eigentlich nur aus einem Hollywoodstreifen kennt. Ein Beispiel für eine solche Ausbildung ist das Ausbildungskonzept zur Personenschutzfachkraft (IHK) der Sicherheitsakademie Berlin, der Preis des Lehrgangs ist kein geringerer als 6.482,00 Euro zzgl. 19% Umsatzsteuer, die Kostenübernahme ist durch Leistungsträger wie die Arbeitsagentur möglich. Zum Schluss des Kapitels werden die IHK-zertifizierten Qualifikationen dargestellt.

Im zweiten Kapitel wird auf das typische Berufsbild des Personenschützers eingegangen. Dieses ist in die vier häufigsten Aufgabenbereiche aufzuteilen. Zwei Bereiche sind durch die Personenschutzfachkraft mit Spezialauftrag „Kommandoführer" und die der Personenschutzfachkraft „allgemein" abgedeckt. Diese Bereiche beinhalten zum einen das Begleiten der Schutzperson, welches wiederum einen Prestigefaktor inne trägt, welcher jedoch zugleich in den unmittelbaren Wirkungsraum von Attentätern bzw. Gegnern fällt. Ein weiterer Bereich ist der der Personenschutzfachkraft als Kraftfahrer. Es ist sehr wichtig diesen zu erläutern, da man behaupten kann, dass Personenschutz die meiste Zeit im Fahrzeug durchgeführt wird und hier spezielle Fahrzeuge und Techniken angewandt werden. Der letzte Bereich ist der der Personenschutzfachkraft als „Aufklärer". Dieser wird meist im Vorfeld praktiziert und ist für Außenstehende nicht ersichtlich. Er dient dazu, ein Gefahrenpotential schon vorbeugend erkannt zu haben, um grundlegend optimale Sicherheit für die Schutzperson zu schaffen. Es gilt in diesem Kapitel die Vita der jeweiligen Personenschutzfachkraft vorzustellen, um somit dessen Nutzen zu verdeutlichen.

Kapitel 2. Voraussetzung, Ausbildung, Qualifikationen

Im folgenden Kapitel wird dargestellt, welche Anforderung eine Person mitbringen muss, um eine Personenschutzausbildung anzugehen. Die Ausbildung an sich und die damit verknüpften Qualifikationen, bei erfolgreichen absolvieren.

2.1. Voraussetzungen

Vor Einstieg in die Branche werden zuvor die Voraussetzungen des Anwärters geprüft, dabei wird Wert auf ein Einwandfreies Führungszeugnis gelegt. Hinzu kommt, dass ein Mindestalter von 18 Jahren vorgeschrieben wird sowie eine notwendige Reife des Einzelnen. Diese kann durch den Grundwehrdienst, Zeiten der Berufstätigkeit oder eine Ausbildung gewährleistet werden. Physische und psychische Leistungsfähigkeit ist von Nöten, aber auch ein angenehmes und gepflegtes Erscheinungsbild.

Die wichtigste zu beachtende Voraussetzung ist jedoch die Motivation bzw. Leistungsbereitschaft, da der Anwärter in den Ausbildungsabschnitten an seine Grenzen gebracht wird und dann immer noch über die Fähigkeit verfügen soll, kühne Endscheidungen zu treffen. Man sagt, eine Grundvoraussetzung ist es, sich über einen längeren Zeitraum konzentrieren zu können, um schließlich auf Angriffe reagieren zu können. So ergibt sich, dass viele Anwärter Kampfsportler sind (Scholzen 2004, S.120). Die Motivation und Leistungsbereitschaft sind als enorm wichtig zu beurteilen, um in der Branche einen Einstieg zu schaffen, denn meist werden nur die Besten an eine Arbeitsstelle weitervermittelt. Um die Ausbildung als Personenschützer anzugehen sind geringe Voraussetzungen nötig. Zertifizierter Personenschützer könnte regelrecht jeder durchschnittliche Bürger werden. Dennoch darf der Faktor nicht außer Acht gelassen werden, dass das Anbieten einer Personenschutzausbildung für Geld einen geschäftlichen Charakter aufweist. Dies ist so zu deuten, dass nicht jeder auch in der Branche Fuß fassen kann, doch hierzu noch folgend mehr.

2.2. Ausbildung

Bei der Wahl einer Personenschutzausbildung sollte man sich Gedanken machen und sich für eine Ausbildung entscheiden, die mindestens IHK zertifiziert ist. Man setzt oft bei einer Personenschutzausbildung auf das Wissen, das von staatlichen Instituten generiert wird. Ein Beispiel dafür ist der Firmenchef von Kötter, ein Sicherheitsdienstleister, welcher sich mit dem Personenschutz befasst. Er bezieht sein

Know How[1] von einem ehemaligen Kommandeur der GSG 9, Ulrich K. Wegener (Scholzen 2004, S.115). Auch Björn- Michael Birr gehörte dem GSG 9 an. Nach seiner Dienstzeit wechselt er in die freie Wirtschaft und gründet auf der Basis und dem Wissen, welches er bei der Spezialeinheit erlangt hat, ein Unternehmen, das unter dem Namen BSN Akademie GmbH bekannt ist. Dort werden nun erfolgreich Personenschützer IHK-zertifiziert ausgebildet (Scholzen 2004, S.119). Jedoch scheitern die meisten schon beim Eignungstest. Hinzukommt, dass nur jeder Dritte es schafft, die Ausbildung erfolgreich zu absolvieren und somit ein Zeugnis über die Ausbildung bekommt (Scholzen 2004, S.124).

Nachdem die Grundvoraussetzungen geprüft wurden, folgen die notwendigen Ausbildungsabschnitte um dem Ziel der Ausbildung entgegenzugehen (Sicherheitsakademie Berlin 2013, S.1). Das Ziel sind die rechtlichen Voraussetzungen, die es ermöglichen, in allen Bereichen der Sicherheitsbranche tätig zu sein und darüber hinaus.

Inhaltliche Schwerpunkte der Ausbildung sind:

> Fachkenntnisse für Personenschützer
> Training in waffenloser und waffenbezogener Selbstverteidigung
> und körperlicher Fitness
> Notfallmaßnahmen
> Rechtskunde
> Waffensachkunde und Schießübungen
> Das Einsatzmittel Kraftfahrzeug
> Sachkundeprüfung gemäß § 34a GewO
> Betriebswirtschaftliche Grundlagen

Das Erwerben dieser Schwerpunkte dauert insgesamt 6 Monate und ist immer mit einem theoretischen Teil sowie einem praktischen Teil verbunden. Dazu kommt, dass zu dem Abschluss eines Themengebietes ein Leistungstest gehört. Nur mit dem erfolgreichen Bestehen dieser Leistungstests kann die Ausbildung abgeschlossen werden und die rechtliche Grundvoraussetzung erworben werden (Sicherheitsakademie Berlin 2013, S.3).

Im Schwerpunkt Fachkenntnisse für Personenschützer wird die Etikette[1] und Form[2] gelehrt. Dieser Themenbereich ist elementar für den Personenschützer, da es die grundlegende Kenntnis ist, um langfristig als Personenschützer tätig sein zu können (Girg 2008, S.9). Aber vor allem auch aus dem Grund, dass der Personenschützer das Ansehen seiner Schutzperson repräsentiert (Girg 2008, S.8).

---

[1] Ein Know How ist das Wissen, wie man eine Sache praktisch verwirklicht (Duden)
[1] Verhaltensregeln um Umgangsformen innerhalb der Gesellschaft
[2] Informationen über die Kleidung

2.3. Berufliche Qualifikationen

Nach den schriftlichen Leistungstests, welche den Nachweis der Fachkenntnis mit sich bringt und dem erfolgreichen Absolvieren der praktischen Abschlussübungen, welche die Fähigkeiten auszeichnen Personenschutz bezogene Maßnahmen ausüben zu können, verfügt man über die rechtlichen Grundvoraussetzungen, welche mit folgenden Zertifikaten von der IHK und der jeweiligen Sicherheitsakademie verifiziert werden: Die *Personenschutzfachkraft (IHK), die Sachkundeprüfung nach §34a, die gewerbliche Waffensachkundeprüfung gemäß §7 WaffG*, einen Nachweis über die Unterweisung zum *Betrieblichen Ersthelfer* und ein Abschlusszeugnis der Sicherheitsakademie (Sicherheitsakademie Berlin 2013, S. 3).

Hiermit verfügt der Lehrgangsteilnehmer über, wie schon erwähnt, die rechtlichen Voraussetzungen für den Einsatz als Personenschützer, aber auch für weitere Bereiche der Sicherheitsbranche. Da er seine Eignung und seine Fähigkeiten in der Praxis nachgewiesen hat, ist er nun in der Lage, durch die vermittelten betriebswirtschaftlichen Grundkenntnisse, wichtige administrative Tätigkeiten auszuführen, wirtschaftliche Zusammenhänge zu erkennen und organisatorische Maßnahmen einzuleiten. Des Weiteren hat der Lehrgangsteilnehmer ein grundlegendes Verständnis für die Anforderungen an eine Führungskraft, kann mit Waffen und den speziellen Fahrzeugen umgehen, kann aber auch die waffenlose Verteidigung anwenden, er verfügt über das Mindestmaß an körperlicher Kondition und kann die Königsdisziplin im Personenschutz: das Führen von Sicherheitsgesprächen und das Begleiten einer Schutzperson. An dieser Stelle ist der Absolvent ausgebildeter Personenschützer.

Um einen Aufstieg anzugehen, ist ferner ein Aufbaulehrgang zum Kommandoführer möglich. Bei der Sicherheitsakademie Berlin sind Inhalte des behördlichen Kommandoführer Lehrgangs involviert. Mit erfolgreicher Beendigung dieses Lehrgangs ist man spezialisierte Führungskraft und in der Lage zur Auswahl, Vorbereitung und Führung eines Personenschutztrupps (o.V., Kommandoführer Personenschutz (IHK)).

Kapitel 3. Verwendungsbereiche und Aufgaben

In diesem Kapitel gilt es, die Verwendungsbereiche und die dazugehörigen Aufgaben eines Personenschützers darzustellen. Denn bei der Ausführung eines Personenschutzauftrags besteht eine Art Arbeitsteilung, um omnipräsent agieren zu können. Auch wird das Sicherheitskonzept, eines solchen Auftrags vorgestellt, da dieses fundamental zu den Aufgaben des Personenschützers steht.

3.1. Der Kommandoführer

Der Personenschützer muss verschiedene Verwendungsbereiche abdecken können, zum einen könnte er als Kommandoführer eingesetzt werden, zunächst gilt es für ihn sicherheitsrelevante Gespräche mit der Schutzperson zu führen. Es ist enorm wichtig möglichst viele, vor allem private, Informationen der Schutzperson zu bekommen. Aus diesen lassen sich mögliche Gefahren ableiten. Jedoch bildet der Kommandoführer auch ein Sicherheitskonzept daraus, aus dem sich alle Aufgaben und Techniken für ihn und seinen Trupp erschließen lassen (Tompson 2014, S. 24).

Dem zugrunde wird im Folgenden das Sicherheitskonzept in Form eines untergeordneten Themas näher erläutert.

3.1.1. Das Sicherheitskonzept

Der Kommandoführer organisiert den Tagesablauf seiner Schutzperson quasi minutiös (Heuser 2011, S.22), somit ist das Erste, was vor Beginn eines Personenschutzauftrages geschieht das Erstellen eines Sicherheitskonzeptes. Dieses wird individuell für jede Schutzperson angefertigt. Zunächst stehen im Sicherheitskonzept Dinge wie die Familienverhältnisse, beispielsweise ob der Klient verheiratet ist oder wie viele Kinder er hat. Hinzukommt, dass die Krankheiten bzw. körperlichen Beeinträchtigungen und Allergien festgehalten werden. Auch ist dem Sicherheitskonzept zu entnehmen, wann der Klient morgens aufsteht und das Haus verlassen möchte, zu diesem Zeitpunkt sollte ein Personenschützer z.B. schon mit dem Fahrzeug vorgefahren sein, um eine gute Organisation zu gewähren. Wer ein Zutrittsrecht in die Wohnräume des Klienten hat, ist auch ein Gesichtspunkt des Sicherheitskonzeptes (Heuser 2011, S.52). Dem Klienten wurde eine Gefährdungsstufe und sicherheitsrelevante Vorkehrungsmaßnahmen zugeteilt. Nach diesen Faktoren richtet sich meist die Anzahl der Personenschützer für den jeweiligen Auftrag und die benötigten Hilfsmittel wie z.B. gepanzerte Fahrzeuge, Bewaffnung oder gar Satellitenüberwachung, jedoch muss der Kommandoführer dabei immer den finanziellen Aspekt in die Planung eines Sicherheitskonzeptes mit einfließen lassen. Das wiederum wirkt sich auf die Stärke des Personenschutztrupps aus und auch auf die Wahl der Hilfsmittel, wie z.b. auf die Wahl zwischen einem gepanzerten Fahrzeug oder einem einfachen KFZ oder ob es überhaupt in Erwägung gezogen werden kann Satellitenüberwachung anzuordnen (Heuser 2011, S.51).

Da der Kommandoführer die erste Ansprechperson für die Schutzperson bildet, ist er dessen ständiger Begleiter und steht im ständigen Dialog zu ihr. Somit hält er sich z.b. bei Hotelübernachtungen direkt im Nebenzimmer auf (Tompson 2014, S. 24). Dieses Begleiten der Schutzperson wird als Königsdisziplin des Personenschutzes angesehen, somit ist dieser der das fortlaufenden Unterthema, zu widmen.

3.1.2. Das Begleiten der Schutzperson

Beim Begleiten der Schutzperson ist zunächst sehr wichtig, dass man nie die Aufmerksamkeit und sein Sichtfeld auf die Schutzperson einschränkt, sondern eher ganz im Gegenteil ihre Umgebung nach potentiellen Angriffen absucht. Dies geschieht mit einer Technik die sich *Erkennen im störenden Umfeld* nennt. Es ist eine selektive Beobachtung, bei der Unregelmäßigkeiten in Menschenmengen zu finden sind. Es gilt dabei Personen als auffällig zu identifizieren, die sich beispielsweise durch ihr versuchtes Tarnen in einer Fanmenge aufdecken lassen. Es ist so zu verstehen, dass der Personenschützer sich vorab ein Bild des typischen Besuchers bzw. des Publikums in Bezug auf die Wirkungskulisse gemacht hat und nun schaut der Personenschützer nach Personen, die nicht in dieses typische Bild passen. Diese sind als mögliche Gefahr anzunehmen, die jedoch aufgedeckt ist und somit ein geringeres Gefahrenpotential aufweist (Heuser 2011, S.24). Besonders wird auch das Augenwerk auf Akteure, die sich in den vordersten Reihen befinden geworfen und die Möglichkeit auf unmittelbaren Zugang zur Schutzperson hätten. Des Weiteren wird auch das *Erkennen im störenden Umfeld* angewendet, wenn es darum geht Täter zu identifizieren nach denen gefahndet wird. Ein weiterer Punkt der beim Begleitschutz zu beachten ist, ist die *Tätererregungskurve*. Sie besteht aus der Intensität des Erregungszustandes eines Attentäters und den Phasen, welche die Handlungen der Schutzperson darstellen, die wiederum auf den Erregungszustand des Attentäters einwirken und im direktem Zusammenhang im Verhältnis zueinanderstehen. Der Zeitpunkt an dem der Erregungszustand sehr hoch ist muss in Betracht gezogen werden, da dieser unmittelbar mit dem Zeitpunkt des Attentats verknüpft ist. Denn aus der *Tätererregungskurve* folgt das zu beginn, in der Ersten Phase bei Ankunft der Schutzperson, der Attentäter sehr ruhig bleibt. Begibt sich nun die Schutzperson beispielsweise auf eine Bühne um dort eine Rede zu halten, was die Zweite Phase darstellen würde, wächst im Verlauf dieser die Intensität des Erregungszustandes beim Attentäter. Kommt es nun zu einer Verabschiedung des Redners bzw. der Schutzperson, worauf der Abgang zum Fahrzeug und die Dritte Phase folgt, steigt der Erregungszustand auf einen Höchstwert mit dem das Attentat im Verbindung steht, diese wird meist beim Gang zum Fahrzeug durchgeführt.

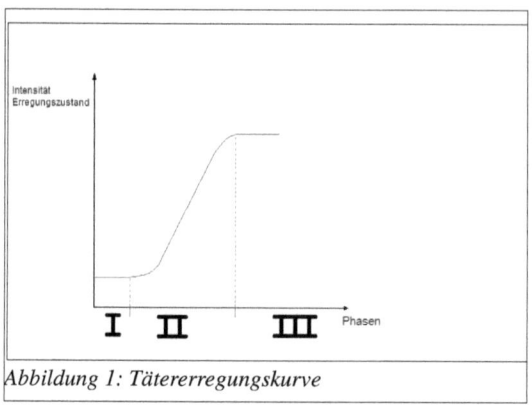

Abbildung 1: Tätererregungskurve

Beispiele für die Art Anschlag sind die, die gegen Yitzhak Rabin, Wolfgang Schäuble, Oskar Lafontaine und Ronald Reagan geführt worden sind. All diese Anschläge wurden zum der Ende einer Veranstaltung hindurchgeführt (Heuser 2011, S.55 und 56).

Trotz dessen verfügt der Kommandoführer nur über einen Schutzauftrag, das Evakuieren der Schutzperson und nur im äußersten Notfall bekämpft dieser Gefahren bzw. Gegner. Jedoch gibt allein der Begriff Kommandoführer her, dass es sich um eine Person handelt die den Einsatz eines Personenschutztrupps führt. Das bringt weitere Aufgaben mit sich, wie das Agieren in Eigenverantwortung, um dieses sichergestellt auszuführen muss der Kommandoführer seinen Personenschutztrupp in den Tagesablauf einweisen, die weiteren Einsätze und Abläufe regelmäßig mit dem Trupp besprechen und dazugehörige Kontrollen des Einsatzes, sowie Personaleinteilungen durchführen. Auch gilt es für ihn die Versorgung seines Trupps zu gewährleisten, sowie dessen Aus - und Weiterbildung in der Zeit, in der keinen Personenschutzaufträgen nachgegangen wird. Befehle durch den Kommandoführer gehen auch an den Bereich der Kraftfahrer bzw. der Begleitfahrzeuge in seinen Personenschutztrupp. Hierbei werden beispielsweise Fahrstreckenwechsel und Regelfahrstrecken angeordnet. Auch zu diesem Bereich seines Trupps, hält er ständigen Kontakt.
Doch der Kommandoführer ist auch von organisatorischer Natur. Es werden durch ihn

Reisen im In- und Ausland geplant und organisiert. Zur Organisation von Reisen wird vorab das BKA, bzw. bei Auslandsreisen das Auswärtige Amt, nach der aktuellen Sicherheitslage befragt. Zudem wird eine Waffentrageerlaubnis durch den Kommandoführer beantragt, sowie Reiseanträge, Reiseberichte und Anspruch auf Vorschüsse gestellt. Es gilt wie mehrfach schon erwähnt für ihn Verbindungen zu halten. Hinzuzufügen ist die Verbindung nach außen hin, zu anderen Sicherheitsinstituten, hierfür ist ein gutes Beispiel die Polizei oder bei privaten Veranstaltungen der Sicherheitsbeauftragte. Letzte organisatorische Aspekte ist zum einen das melden von Vorkommnissen an Vorgesetzte, jedoch auch an neue Kommandoführer bei einer Dienstübergabe oder bei einem Personalwechsel und das Führen von Kritikgesprächen und Nachbesprechungen eines Einsatzes durch den Kommandoführer (Tompson 2014, S. 24).

Zusammenfassend kann man annehmen das die Tätigkeit des Kommandoführers als eine Art Generalist durchzuführen ist, denn seine Aufgaben sind breit gefächert. Statt nur auf eine Aufgabe fokussiert, erstreckt sich sein Aufgabenfeld über die Lagefeststellung, hier in dem Fall sind es die Gespräche mit der Schutzperson, hin zur Beurteilung der Lage, welche hier im Sicherheitskonzept festgehalten wird, weiter über die Maßnahmen und Anweisungen, beim Kommandoführer beispielsweise die Einweisungen in den Tagesablauf, bis hin zur Kontrolle und Aufsicht, die sich in Form der Kritikgespräche und Nachbesprechungen äußert. Dies bildet schließlich einen Regelkreis um voraussichtlich eine gut durchgeführte Dienstleistung zu gewährleisten. Zuzüglich wird dies sehr deutlich bei dem Faktor, der den Bereich einer Servicefunktion deckt. Abgesehen davon das der Kommandoführer in ständiger Nähe der Schutzperson ist und ihr alle Türen aufhält und in manchen Fällen als Seelsorger hinhalten muss, besorgt er seiner Schutzperson sogar die aktuelle und in dessen Heimatsprache verfasste Tageszeitung. Abrundend sind die Kritikgespräche und Nachbesprechungen, da diese denkbar zukünftigen Leistungen der Personenschützer verbessern sollen.

3.2. Die Personenschutzfachkraft allgemein

Die Personenschutzfachkraft allgemein meldet alle Vorkommnisse an den Kommandoführer und unterstützt diesen in vielen Dingen, schon bei der Organisation und Planung, aber auch vor allem dann wenn der Kommandoführer ausfallen sollte übernimmt diese Personenschutzfachkraft dessen Aufgaben. An einem Einsatzort, hierfür nähme man das Beispiel einer Veranstaltung in einem fremden Gebäude, kontrolliert die Personenschutzfachkraft dort die innere und äußere Sicherheit. Dazu gehört z.B. das Überwachen, der Vorort gegenwärtigen Arbeit und das Lenken von weiteren anwesenden Mitarbeitern. Beispiel dafür ist, dass bei Eintritt von zu gewährleistenden Innenschutzmaßnahmen die Personenschutzfachkraft für Absprachen und eventuelle Einweisungen der weiteren Mitarbeiter in eine Tätigkeit sorgt. Des Weiteren, falls nicht schon geschehen unterrichtet die Personenschutzfachkraft den Sicherheitsmanager bzw. den Sicherheitsbeauftragten darüber, dass eine Schutzperson und Personenschützer anwesend sind und tätig die Verbindungsaufnahme zu anderen anwesenden Personenschutzkommandos. Bei einem Hotelaufenthalt führt dieser Personenschützer Checklisten und ist für das Gepäck verantwortlich. Er übernimmt das das Einchecken und im Anschluss die Erkundung der Örtlichkeit. Unterstützend agiert er bei den Fahrern der Begleitfahrzeuge, z.B. könnte er das Fahrzeug um postieren oder eine Karte für den Fahrstreckenwechsel erstellen.

Der „Kampfauftrag" ist im Fall einer Gefährdung der Schutzperson die Besonderheit dieses Personenschützers (Tompson 2014, S. 25). Kommt es zu einem Angriff, handelt der Personenschützer allgemein mir sofortiger Abwehr, wie z.B. mit dem Ausschalten oder Ergreifen des Täters. Weitere Maßnahmen die dazu gehören sind das Sichern des Standortes und die Warnung aller anderen eingesetzten Personenschützern (Helms 2014, 7).

Die Tätigkeit der Personenschutzfachkraft „allgemein" wirkt zum einen Teil ergänzend, da sie sowohl dem Kommandoführer auszuhelfen hat als auch den Kraftfahrern, um annehmbar ein vollkommenes und mustergültiges Produkt bieten zu können. Allerdings ist der Kampfauftrag dieser Personenschutzfachkraft von besonderer Gültigkeit, da im Fall das ein Personenschützer diesen nicht wahrnimmt anzunehmen ist, dass das Image des fungierenden Unternehmens massiv geschädigt wird und die Kompetenz dessen in Frage stellt wird.

3.3. Die Personenschutzfachkraft als Kraftfahrer

Dieser Personenschützer verfügt über langjährige Erfahrung als Autofahrer und absolvierte eine entsprechende Fahrausbildung. Er verfügt über die Fähigkeit sein Fahrzeug zügig, dennoch akkurat und vorausschauend zu manövrieren. Um diese Fähigkeit gewährleisten zu können, muss am Fahrsicherheitstraining im möglichst hohen Pensum teilgenommen werden. Er ist auch für die Einsatzbereitschaft des Fahrzeuges verantwortlich. Dazu gehört das Überprüfen des Fahrzeuges auf dessen Zustand, wobei z.B. acht auf den Kühlwasser- und Ölstand gelegt wird. In seiner Verantwortung steht auch das Einhalten der Inspektionsintervalle. Sollten Mängel erkannt worden sein, wird dies an den Kommandoführer gemeldet, wünschenswert ist die selbstständige Beseitigung (Tompson 2014, S. 26).

Vor jeder Abfahrt ist das Fahrzeug auf Veränderungen zu prüfen. Darüber hinaus erfolgt das Anfahren immer mit einem Begleitfahrzeug (Helms 2014, 5.13) und stets mit der Bemühung danach Variationen in Abfahrtzeiten und Fahrtrouten hineinzubringen (Heuser 2011, S.26) (Scholzen 2004, S.115). Das Begleitfahrzeug überholt kurz vor Ankunft am Zielort das Fahrzeug in dem die Schutzperson sitzt, so können die Personenschützer mit einem Vorsprung aussteigen und für die Sicherung am Zielort sorgen. Jedoch bleiben die Fahrer solange hinter dem Steuer sitzen, bis die Schutzperson in Sicherheit ist, um im Gefährdungsfall schnell handeln zu können. Bei Situationen an Verkehrsampeln wird das Fahrzeug so zum Stoppen gebracht, dass die Fenster der nicht zueinanderstehen, um unangenehme Blicke zu vermeiden. Zudem wird der Abstand zu anderen Fahrzeugen so reguliert, dass das Fahrzeug im Fall von Not bewegt werden kann (Helms 2014, 5.13). Das Fahrzeug ist einsatztaktisch so abzustellen, dass einer schnellen Flucht nichts im Weg steht. In der Regel ist das Fahrzeuge nie unbeaufsichtigt oder unverschlossen hinterlassen werden (Helms 2014, 5.13).

Versetzt man sich in die Perspektive eines Attentäters sind die Aspekte, das Fahrzeug nie unbeaufsichtigt zu lassen und vor jeder Abfahrt sein Fahrzeug auf Veränderungen zu prüfen, von besonderer Bedeutung. Da der einfachste und wohl möglich klügste Weg der Schutzperson Schaden zuzufügen, wäre die Platzierung eines Sprengsatzes an dessen Fahrzeug. Die Fahrsicherheitstrainings sind als enorm wichtig zu beurteilen, denn nur dort kann der Personenschützer beispielsweise Gefahrenwenden üben, im normalen Straßenverkehr ist dies unmöglich.

3.4. Die Personenschutzfachkraft als Aufklärer

Die Aufklärung ist überwiegend ist von präventiver Natur und richtet sich darauf Taten nicht vorbereiten zu können und potentielle Angriffe nahezu unmöglich zu machen, aber auch vor allem dazu Attentäter abzuschrecken (Heuser 2011, S.50). Der Aufklärer gehört als einziger zum erweiterten Personenschutz (EPS), hingegen gehören alle anderen Personenschutzformen, wie z.B. der Kommandoführer zum unmittelbaren Personenschutz (UPS) (Helwig, Focus Online), da er mehr als Detektiv arbeitet. Dafür aber mit taktischen Personenschutz bezogenen Ausarbeitungen, welche dem UPS ein weiteres Ohr und Auge verschaffen. Dies geschieht mit Hilfe von Aufklärungstechnik. Beispiele dafür sind Foto- und Videokameras, Ferngläser oder sogar Nachtsicht- und Wärmebildgeräte. Mit der Beanspruchung dieser Hilfsmittel lassen sich Verdächtigungen und Ergebnisse erschießen, die in einem Bericht zusammengefasst und anschließend dem Vorgesetzten vorgelegt werden. Da aber auch hier stets Verbindung zum UPS gehalten wird lassen sich besonders wichtige Vorkommnisse sofort weiterleiten, wenn es von Nöten ist muss dies auch an Sicherheitsbehörden gehen wie die örtliche Polizei (Tompson 2014, S. 27).

Typische präventiv aufzuklärende Orte sind z.B. die zu erfassenden Wohnbereiche, die Privaträume, die Umgebungen und Arbeitsplätze der Schutzperson, dies geschieht oft rund um die Uhr. Darüber hinaus sind Fahrtrouten im Vorfeld aufzuklären, dazu kommt ebenso der Zielort von Fahrten der Schutzperson (Heuser 2011, S.50). Denn regelmäßige und routinierte Fahrten, wie die tägliche Fahrtroute zum Arbeitsplatz, lassen anstößige Anhaltspunkte für Attentätern aufdecken. Darunter fällt unter anderem die Begutachtung von Räumlichkeiten als auch die der Zutrittskontrollen erst, wenn dies geschehen ist kann die Schutzperson eintreffen (Heuser 2011, S.22). Betroffen sind an einigen Stellen auch die Mitarbeiter, wie bei den erwähnten Zutrittskontrollen, um ein Gefahrenpotential zu minimieren und keine Lücken zu lassen (Heuser 2011, S.50).

Die Tätigkeit des Aufklärers ist quasi als das Auge und Ohr des UPS zu interpretieren, da durch die zubringenden Aufgaben des Aufklärers der UPS ein Schritt im Voraus ist. Bildlich gesehen kann der UPS der Arbeit des Aufklärers zufolge um die Ecken schauen. Diese Vorgehensweise muss dazu dienen Gefährdungserkenntnisse frühzeitig zu erkennen, um anschließend mit diesen vor Eintreffen der Gefährdung Ausweichmöglichkeiten zu finden und schließlich Attentaten, Übergriffe und Eskalationen verbeugend zu Vermeiden. Beispielsweise könnte sich das Szenario abspielen, dass ein Verkehrsunfall vorgetäuscht wurde, um der Schutzperson auf der Fahrtroute mit dem Auto Schaden zuzufügen. Dem zugrunde ist es wichtig Fahrtrouten im Vorfeld aufzuklären, aber auch um geringere Störungen der Verkehrslage zuvermeiden die zu einer einfachen Zeitverzögerung führen würden.

4. Schlussbemerkung

Im Mittelpunkt dieser wissenschaftlichen Arbeit stand die Antwort darauf, wie man in Deutschland privater Personenschützer wird und was die Aufgabenbereiche des Personenschützers sind, dafür wurde die Arbeit in zwei Kapitel gegliedert und verschiedene Unterthemen behandelt.

Aus den analytischen Teilen, die im direkten Anschluss der Unterthemen zu finden sind, gehen die folgenden Erkenntnisse aus.

Die Person, die Personenschützer werden möchte, muss den Status der IHK zertifizierten Personenschutzfachkraft erlangen. Die sechsmonatige Personenschutzausbildung ist für einen Zivilisten die einzige Möglichkeit, an diesen Status zu kommen. Mit erfolgreichem Bestehen der Ausbildung ist man Personenschutzfachkraft und verfügt über die rechtlichen Voraussetzungen, um im Personenschutz tätig zu sein. Trotz dessen kann nicht davon ausgegangen werden, dass dem Absolventen durch das Ausbildungsinstitut eine Arbeitsstelle ermöglicht wird, auch nicht mit hohen Leistungsaufwand, da das Institut über einen geschäftlichen Charakter verfügt und die Ausbildung primär dessen gegenwärtiger Gegenstand ist, um zum eignen betrieblichen Zweck zu handeln. Für eine Arbeitsstelle, sollte der Absolvent schon mit einer ausgeprägten Motivation und Leistungsbereitschaft die Ausbildung angehen. Auch während der Ausbildung muss der Absolvent Höchstleistungen erbringen und zu den Besten gehören, da die Weitervermittlung an einen Arbeitsplatz als Personenschützer durch das Ausbildungsinstitut dennoch erfolgen kann. Die Kosten für die Ausbildung sind selbst zu tragen, jedoch können diese in einigen Fällen durch Leistungsträger übernommen werden.

Die Aufgaben eines Personenschützers sind in zwei Bereiche aufzuteilen und werden oft in einem Personenschutztrupp durchgeführt. Einer davon ist der unmittelbare Personenschutz (UPS), der andere der erweiterte Personenschutz (EPS). Der EPS agiert vorbeugend mit Maßnahmen, wie das Unterkunden von Ortschaften im Vorfeld und schafft damit Handlungsfreiheiten für den UPS. Der UPS begleitet die Schutzperson selbst, überwiegend durch Begleitschutz. Wiederum werden diese zwei Bereiche von vier verschiedenen Typen einer Personenschutzfachkraft durchgeführt.

Im UPS an der Führungsposition steht die Tätigkeit des Kommandoführers, dieser ist immer in unmittelbarer Nähe der Schutzperson und ist für dessen Betreuung zuständig. Seine Aufgaben erstrecken sich über das Organisieren eines schutzfunktionellen Personenschutzauftrags bis hin zu abschließenden Nachbesprechungen. Obwohl der Kommandoführer stets in der Nähe der Schutzperson ist, hat dieser keinen Kampfauftrag. Im Fall eines Übergriffs auf die Schutzperson, hat der Kommandoführer, den essenziellen Schutzauftrag, die Schutzperson zu Evakuierung. Die Vorgehensweise des Kommandoführers dabei, ist sich wie einem menschlichen Schutzschild vorzustellen, denn er versucht mit seinem eigenen Körper, möglichst viel von dem der Schutzperson abzudecken. Aushelfend fungiert dem Kommandoführer die Personenschutzfachkraft „allgemein", sie übernimmt in Notfall die Aufgaben des Kommandoführers und hat ausgleichend zum Kommandoführer einen „Kampfauftrag", welcher die Anweisung beinhaltet, Angriffe zu bekämpfen. Darüber hinaus ist im UPS die Personenschutzfachkraft mit der Spezialisierung „Kraftfahrer" vertreten. Der Kraftfahrer fährt die Fahrzeuge, die zum Erfüllen eines Personenschutzauftrages benötigt werden, gewährt diesen einen einwandfreien Zustand und ist für die Bewachung dieser verantwortlich. Im EPS befindet sich die Personenschutzfachkraft als „Aufklärer". Dessen Aufgabe ist, ein Gefahrenpotential, das auf die Schutzperson Einwirken könnte, im Voraus zu erkennen, um letztendlich mit dem Rest des Personenschutztrupps Ausweichmöglichkeiten zu finden, bevor es zur Eskalationen führen würde.

Abschließend ist zu sagen, dass es „sich in den meisten Fällen erwiesen [hat], dass [Personenschützer] an Ihrer Serviceleistung gemessen werden und nicht an Ihrem fachlichen Können als Personenschützer" (Girg 2008, S.180). Wiederum wird die Fachkenntnis als Selbstverständlichkeit hingenommen (Girg 2008, S.180).

Literaturverzeichnis

Bücher:

Girg, Thomas: Der Knigge für den Personenschutz, in: Mit Stil und Form zum beruflichen Erfolg, Hrsg.: Books on Demand, 1. Auflage, Norderstedt 2008

Helms, Tobias: Personenschutz, in: Ein Leitfaden, Hrsg.: Books on Demand GmbH, 2. Auflage, Norderstedt 2014

Heuser, Katja: Personenschutz als Beruf, in: Eine mikrosoziologische Analyse, Hrsg.: VDM Verlag Dr. Müller, Saarbrücken 2011

Scholzen, Reinhard: Personenschutz, in: Geschichte Ausbildung Ausrüstung, Hrsg.: Motorbuch Verlag, 2. Auflage, Stuttgart 2004

Tompson, Steve: Personenschutz Kompakt und Effektiv, Hrsg.: Books on Demand, Norderstedt 2014

Ausschreiben:

o.V.: Personenschutzfachkraft (IHK), in: Ausbildungskonzept zum IHK-Zertifikatslehrgang, Stand: März 2013

Internet:

o.V.: Kommandoführer Personenschutz (IHK), in: http://www.sicherheitsakademie-berlin.de/personenschutz-bodyguard-ausbildung/personenschutz-kommandofuehrer.html , 22.11.2015, 22:35 Uhr

Helwig Finger: „So werden Sie Bodyguard", in: http://www.focus.de/politik/experten/finger/experte-erklaert-der-unsichtbare-mantel-so-wird-man-bodyguard_id_3863684.html , 22.05.2014, 12:27 Uhr